Lena Fuchs

Socken für Groß & Klein
Mit Grundkurs zum Sockenstricken

Inhalt

- **3** Socken stricken ist ganz leicht
- **6** Bunt geringelt
- **10** Lieblingssocken für die ganze Familie
- **12** Kühne Muster in kühlen Farben

- **15** Einfach tierisch
- **20** Orientalisch inspiriert
- **24** Leicht und luftig
- **28** Hoch zu Ross
- **30** Minis für die Kleinsten
- **31** Herstellernachweis

Grundkurs

Socken stricken ist ganz leicht

Bündchen und Schaft

① Schlagen Sie die angegebene Maschenzahl an und schließen Sie die Arbeit zur Runde. Die Maschen werden auf vier Nadeln gleichmäßig verteilt und die Nadeln vom Rundenbeginn an von 1 bis 4 so durchnummeriert, wie sie abgestrickt werden: Nadel 1 liegt links vom Rundenbeginn, Nadel 4 rechts davon. Anschließend stricken Sie im Bündchenmuster weiter. Nach einigen Zentimetern (siehe Anleitung beim jeweiligen Modell) wechseln Sie zum Muster des Schafts. Beim Mustersocken auf dem Foto wird der Schaft glatt rechts (= jede Runde rechts) gestrickt.

Ferse

② Beim Stricken von Ferse und Käppchen ist es wichtig, den Überblick über die Nadeln zu behalten. Rundenbeginn ist immer in der hinteren Mitte des Strumpfes. Für die Ferse werden nur

Nadel 4 und Nadel 1 (vor und nach dem Rundenbeginn) gebraucht. Die Maschen auf den Nadeln 2 und 3 werden mit Maschenraffer oder Kunststoffkappen stillgelegt. Stricken Sie mit den Maschen der 1. und 4. Nadel in Reihen weiter (Hinreihen rechts, Rückreihen links). Jeweils 2 bis 3 Maschen nach der ersten und vor der letzten Randmasche können in Hin- und Rückreihen links gestrickt werden, so dass sie als Krausrippen erscheinen. Es werden 2 Reihen weniger gestrickt als Fersenmaschen auf der Nadel sind. Ein Beispiel: Bei 64 Maschen Anschlag wird die Ferse mit 32 Maschen gestrickt. Arbeiten Sie 30 Reihen gerade hoch, sodass an den Seiten 15 Krausrippen entstehen.

Käppchen

③ Für das Käppchen teilen Sie die Fersenmaschen durch 3, eventuell überzählige Maschen schlagen Sie dem mittleren Teil zu. Bei unserem Beispiel mit 32 Fersenmaschen wären das für die äußeren Teile je 10, für den Mittelteil 12 Maschen. Wer sich unsicher ist, markiert die einzelnen Abschnitte mit einem kontrastfarbigen Faden.

Socken stricken ist ganz leicht

1. Reihe: Die Maschen des 1. und 2. Teils (= rechtes Außenteil und Mittelteil) rechts stricken, dabei die letzte Masche des Mittelteils wie zum Rechtsstricken abheben, die 1. Masche des linken Außenteils rechts stricken und die abgehobene Masche darüber ziehen. Arbeit wenden.
2. Reihe: 1 Masche links abheben (Faden vor der Masche). Die Maschen des Mittelteils links stricken bis auf die letzte Masche. Diese letzte Masche des Mittelteils mit der 1. Masche des rechten Außenteils links zusammenstricken. Arbeit wenden. Zwischen dem Mittelteil und den beiden Außenteilen ist jetzt jeweils eine Lücke deutlich zu erkennen, die die Orientierung erleichtert.
3. Reihe: 1 Masche links abheben (Faden hinter der Masche). Die Maschen des Mittelteils rechts stricken bis auf die letzte Masche. Diese letzte Masche wie zum Rechtsstricken abheben, die 1. Masche des linken Außenteils rechts stricken und die abgehobene Masche darüber ziehen.
Die 2. und 3. Reihe wiederholen, bis alle Maschen der 1. und 3. Fersennadel aufgebraucht sind.

Aufnehmen der Fersenmaschen
④ Um für den Fuß nun wieder in Runden weiterstricken zu können, müssen die Fersenmaschen und je 1 Masche aus dem Querfaden zwischen der 1. und 2. Nadel sowie zwischen der 3. und 4. Nadel aufgenommen werden. Am einfachsten geht das, indem man am Ende der letzten Hinreihe am Käppchen mit der Stricknadel immer unter beiden Gliedern einer Randmasche der Ferse von außen nach innen durchsticht und den Faden durchholt wie bei einer rechten Masche. Wenn alle Fersenmaschen der einen Seite aufgenommen sind, werden die vorübergehend stillgelegten Maschen der Nadeln 2 und 3 rechts oder im gewünschten Muster abgestrickt. Danach werden die Fersenmaschen der anderen Seite ebenfalls aufgenommen.

Spickel abnehmen
⑤ Auf den Nadeln 1 und 4 sind nun mehr Maschen als bei Fersenbeginn. Durch das Spickelabnehmen reduziert man die Maschenzahl wieder.
Es wird in Runden weitergestrickt. Über die Maschen der Nadeln 2 und 3 läuft

Grundkurs

möglicherweise ein Muster, die Maschen der Nadeln 1 und 4 werden im Allgemeinen glatt rechts abgestrickt. Dabei wird in jeder dritten Runde folgendermaßen abgenommen: Die zweit- und drittletzte Masche der 1. Nadel werden rechts zusammengestrickt. Die letzte Masche der 1. Nadel wird wieder rechts gestrickt. Die 1. Masche der 4. Nadel wird ebenfalls rechts gestrickt. Die 2. Masche wird wie zum Rechtsstricken abgehoben, die 3. Masche rechts gestrickt und die 2. darüber gezogen. Diese Abnahmerunden werden wiederholt, bis die Zahl der ursprünglich angeschlagenen Maschen wieder erreicht ist.

jeweiligen Anleitung oder in der Tabelle (siehe vordere Umschlaginnenseite) angegebene Fußlänge erreicht ist.

Bandspitze

⑥ Für die Bandspitze nehmen Sie am Ende der 1. und 3. Nadel und am Anfang der 2. und 4. Nadel Maschen nach folgendem Schema ab:
1. Nadel: Rechts stricken. Zweit- und drittletzte Masche rechts zusammenstricken, letzte Masche rechts stricken.
2. Nadel: 1. Masche rechts, 1 Masche wie zum Rechtsstricken abheben, 1 Masche rechts, abgehobene Masche über die rechts gestrickte Masche ziehen. Rechts weiterstricken.
3. Nadel: wie 1. Nadel.
4. Nadel: wie 2. Nadel.

Auf die 1. Abnahmerunde folgen 3 Runden glatt rechts, auf die nächsten beiden Abnahmerunden jeweils 2 Runden glatt rechts. Nach der 4., 5. und 6. Abnahmerunde wird jeweils nur noch eine Runde glatt rechts gestrickt. Danach nehmen Sie in jeder Runde wie beschrieben ab, bis nur noch zwei Maschen pro Nadel übrig sind. Diese Maschen ziehen Sie mit doppeltem Faden zusammen. Der Faden wird im Inneren des Strumpfes vernäht.

Fuß

Am einfachsten wird der Fuß glatt rechts gestrickt – erfahrene Strickerinnen müssen da nicht einmal mehr hinsehen. Wer mag, kann aber auch auf der Oberseite das Muster des Schafts weiterlaufen lassen. Gerade bei Trachtenstrümpfen sieht es schön aus, wenn sich Zopf- oder Lochmuster auf dem Rist fortsetzen. Dann werden die Nadeln 2 und 3 im Muster, die Nadeln 1 und 4 glatt rechts gearbeitet. Stricken Sie, bis die in der

Bunt geringelt

Bunt geringelt

Diese dicken Stiefelsocken aus doppelt verstricktem Garn heben die Laune an Regentagen. Weil von vielen Farben nur ein halber Knäuel oder weniger gebraucht wird, eignen sich diese Modelle auch hervorragend für eine Inventur im Restekorb.

Stiefelsocken mit melierten Ringeln

Abb. rechts
Größe 26/27 und 32/33
Die Angaben für Größe 26/27 stehen vor dem Schrägstrich, die für Größe 32/33 dahinter. Steht nur eine Angabe, so gilt sie für beide Größen.

Das wird gebraucht

Schachenmayr Regia 4-fädig
(LL 210 m/50 g) in folgenden Mengen und Farben: je ca. 50 g weiß-schwarz mouliné (Fb 2068) und himbeer (Fb 1258); ca. 15/20 g jaffa (Fb 1259); je ca. 10/15 g canari (Fb 612), gras (Fb 1254), türkis (Fb 1255) und royal (Fb 540)

Mit doppeltem Faden stricken!

Nadeln
Nadelspiel Nr. 4 – 5

Maschenprobe
20 Maschen/28 Runden oder Reihen mit doppeltem Faden glatt rechts
= 10 x 10 cm

Strickmuster
Italienischer Anschlag in Runden: Mit einem kontrastfarbigen Hilfsfaden die halbe Maschenzahl auf 4 Nadeln verteilt anschlagen und 1 Runde rechts stricken.

Stiefelsocken mit melierten Ringeln

Dann mit dem Originalgarn weiterstricken.
2. Runde: 1 Masche rechts, 1 Umschlag im Wechsel.
3. Runde: *1 Masche rechts abheben (der Faden liegt hinter der Masche), den Umschlag links stricken; ab * fortlaufend wiederholen.
4. Runde: *1 Masche rechts stricken, 1 Masche links abheben (der Faden liegt vor der Masche); ab * fortlaufend wiederholen.
5. Runde: *1 Masche rechts abheben (der Faden liegt hinter der Masche), 1 Masche links stricken; ab * fortlaufend wiederholen.

Nach der 5. Runde im Bündchenmuster weiterstricken. Später den Hilfsfaden an mehreren Stellen vorsichtig aufschneiden und heraustrennen.
Bündchenmuster: 1 Masche rechts, 1 Masche links im Wechsel stricken.
Glatt rechts: In Runden jede Runde rechts stricken. In Reihen Hinreihen rechts, Rückreihen links stricken.
Rippenmuster: 1 Masche rechts, 3 Maschen links im Wechsel stricken, dabei jede Runde mit 2 Maschen links beginnen und mit 1 Masche links enden.
Farbfolge: *4 Runden in Weiß-schwarz mouliné, 2 Runden in Jaffa;
4 Runden in Weiß-Schwarz mouliné, 2 Runden in Canari;
4 Runden in Weiß-Schwarz mouliné, 2 Runden in Gras;
4 Runden in Weiß-Schwarz mouliné, 2 Runden in Türkis;
4 Runden in Weiß-Schwarz mouliné, 2 Runden in Royal;
4 Runden in Weiß-Schwarz mouliné, 2 Runden in Himbeer.
Farbfolge ab * fortlaufend wiederholen.

So wird's gemacht

32/40 Maschen (= 8/10 Maschen pro Nadel) italienisch anschlagen, dann in Himbeer im Bündchenmuster stricken. In 12/14 cm Bündchenhöhe im Rippenmuster in der Farbfolge weiterstricken. Nach 34/40 Runden (= ca. 12/14 cm ab Rand, nach dem 6./7. Streifen in Weiß-Schwarz mouliné) Ferse, Fuß und Spitze nach der Anleitung auf Seite 3 – 5 stricken. Die Ferse mit Käppchen in Himbeer/Jaffa beziehungsweise in der Farbe entsprechend der Farbfolge stricken. Danach in der Farbfolge über

Bunt geringelt

die Maschen der 1. und 4. Nadel glatt rechts, über die Maschen der 2. und 3. Nadel im Rippenmuster bis zur Spitze stricken; enden mit 4 Runden in Weiß-Schwarz mouliné. Die Spitze glatt rechts in Türkis/Himbeer beziehungsweise in der Farbe entsprechend der Farbfolge stricken.
Das Bündchen nach außen umschlagen. Beide Socken gleich arbeiten.

Mit doppeltem Faden stricken!

Stiefelsocken mit farbigen Ringeln

Größe 26/27 und 32/33
Die Angaben für Größe 26/27 stehen vor dem Schrägstrich, die für Größe 32/33 dahinter. Steht nur eine Angabe, so gilt sie für beide Größen.

Nadeln
Nadelspiel Nr. 4 – 5
Nadelspiel Nr. 3 – 3,5 (als Hilfsnadeln)

Maschenprobe
20 Maschen/28 Runden oder Reihen mit doppeltem Faden glatt rechts
= 10 x 10 cm

Strickmuster
Glatt rechts: In Runden jede Runde rechts stricken. In Reihen Hinreihen rechts, Rückreihen links stricken.
Rippenmuster: 1 Masche links, 3 Maschen rechts im Wechsel stricken, dabei jede Runde mit 2 Maschen rechts beginnen und mit 1 Masche rechts enden.
Farbfolge: * Je 1 Runde in Schwarz, Superweiß und Schwarz, 4 Runden in Jaffa;
je 1 Runde in Schwarz, Superweiß und Schwarz, 4 Runden in Canari;
je 1 Runde in Schwarz, Superweiß und Schwarz, 4 Runden in Gras;
je 1 Runde in Schwarz, Superweiß und Schwarz, 4 Runden in Türkis;
je 1 Runde in Schwarz, Superweiß und Schwarz, 4 Runden in Royal;

Das wird gebraucht

Schachenmayr Regia 4-fädig
(LL 210 m/50 g) in folgenden Mengen und Farben: je ca. 25/30 g schwarz (Fb 2066) und himbeer (Fb 1258); je ca. 10/15 g royal (Fb 540), superweiß (Fb 2080), jaffa (Fb 1259), canari (Fb 612), gras (Fb 1254) und türkis (Fb 1255)
2 Kordelstopper (*Union Knopf*, Art. 57151, 18 mm, orange/pink) nach Belieben
Gummikordel (*Union Knopf*, Art. 1527, Fb 80) nach Belieben

Stiefelsocken mit farbigen Ringeln

je 1 Runde in Schwarz, Superweiß und Schwarz, 4 Runden in Himbeer. Farbfolge ab * stets wiederholen.

So wird's gemacht

32/40 Maschen (= 8/10 Maschen pro Nadel) mit doppeltem Faden und Nadelspiel Nr. 4 – 5 in Royal/Himbeer locker anschlagen und für den Mäusezähnchenrand 4/5 Runden glatt rechts stricken.
5./6. Runde: *1 Umschlag, 2 Maschen rechts zusammenstricken; ab * fortlaufend wiederholen.
Weitere 4/5 Runden glatt rechts stricken, dabei in der 2./3. Runde für den Kordeldurchzug (falls gewünscht) in der vorderen Mitte 2 Löcher arbeiten: Dafür bis 4 Maschen vor Ende der 2. Nadel stricken, dann 2 Maschen rechts zusammenstricken, 1 Umschlag, 4 Maschen rechts, 1 Umschlag, 2 Maschen rechts überzogen zusammenstricken
(= 1 Masche rechts abheben, 1 Masche rechts, die abgehobene Masche überziehen).
Nun die Maschen der Anschlagrunde auf die dünneren Hilfsnadeln nehmen und hinter die Arbeit legen. Immer 1 Masche der vorderen Nadel mit 1 Masche der hinteren Nadel rechts zusammenstricken.
Weiter im Rippenmuster in der Farbfolge stricken und nach 33/40 Runden (= 11,5/14 cm ab Rand; nach der 2. Runde in Royal/Himbeer) Ferse, Fuß und Spitze nach der Anleitung auf Seite 3 – 5 stricken. Dabei die Ferse mit Käppchen in Royal/Himbeer beziehungsweise in der Farbe entsprechend der Farbfolge glatt rechts über die Maschen der 1. und 4. Nadel stricken. Danach in der Farbfolge über die Maschen der 1. und 4. Nadel glatt rechts, über die Maschen der 2. und 3. Nadel im Rippenmuster bis zur Spitze stricken; dabei mit je 1 Runde in Schwarz, Superweiß und Schwarz enden. Die Spitze glatt rechts in Gras/Royal beziehungsweise in der Farbe entsprechend der Farbfolge arbeiten.
Beide Socken gleich arbeiten.
Die Kordelstopper (nicht abgebildet) auf die Gummikordel ziehen, die Kordel durch die Löcher in der vorderen Mitte und den Tunnel unterhalb der Mäusezähnchenkante führen. Enden verknoten und den Knoten nach hinten schieben.

• Tipp •

Sie können beide auf Seite 6/7 abgebildeten Modelle in allen Größen nach der Tabelle auf der vorderen Umschlaginnenseite stricken. Stricken Sie dann den Schaft etwa 4 cm kürzer als angegeben und arbeiten Sie die Wadenabnahmen erst ab Größe 34/35.
Für Socken ab Größe 34/35 die Maschen nach Tabelle anschlagen und beim Rippenmuster auf der 1. Nadel die 1. und 2. Masche glatt rechts, dann im Rippenmuster stricken; auf der 4. Nadel die beiden letzten Maschen glatt rechts stricken und 2x in jeder 12. Runde ab Rand bei der 1. Nadel die 2. Masche mit der folgenden Masche rechts überzogen und bei der 4. Nadel die zweitletzte Masche mit der Masche davor rechts zusammenstricken.

Lieblingssocken für die ganze Familie

Dieses plastische Muster aus Zöpfen und Strukturzacken ist so schön, dass einfach jeder in der Familie ein Paar solcher Socken haben möchte. Nur zu! Sie werden staunen, wie schnell Sie vorankommen.

Größe 30/31, 38/39 und 42/43
Die jeweils erste Angabe bezieht sich auf die kleinste Größe, die Angaben für die weiteren Größen sind durch Schrägstriche abgetrennt. Steht nur eine Angabe, so gilt sie für alle drei Größen.

Das wird gebraucht

50/100/100 g *Schachenmayr Regia 4-fädig* (LL 210 m/50 g), graublau meliert (Fb 1980)/leinen meliert (Fb 2143)/ holz meliert (Fb 2070)

Nadeln
Nadelspiel Nr. 2 – 3

Maschenprobe
30 Maschen/42 Runden oder Reihen = 10 x 10 cm

Strickmuster
Bündchenmuster: 1 Masche rechts, 1 Masche links im Wechsel.
Grundmuster: Jede Runde nach Strickschrift stricken, dabei den Rapport von 13/15/17 Maschen 4x wiederholen. Die 1. – 5. Runde stets wiederholen.
Glatt rechts: In Reihen Hinreihen rechts, Rückreihen links stricken. In Runden jede Runde rechts stricken.

So wird's gemacht

52/60/64 Maschen (= 13/15/16 Maschen pro Nadel) anschlagen und 3 cm im Bündchenmuster, dann 10,5/14/16,5 cm (45/60/70 Runden) im Grundmuster stricken; nur für Größe 42/43 auf jeder Nadel 1 Masche zunehmen (= 68 Maschen). Ferse, Fuß und Spitze nach der Anleitung auf Seite 3 – 5 stricken: Für die Ferse nur bei Größe 42/43 je 1 Masche auf der 1. und 4. Nadel abnehmen (= 26/30/32 Maschen). Beim Fuß über die 26/30/34 Maschen der 2. und 3. Nadel und die 1. Masche der 4. Nadel im Grundmuster, über die restlichen Maschen glatt rechts stricken. Die Spitze glatt rechts stricken; vor der 1. Abnahmerunde mit 1 Runde rechts beginnen, dabei nur für Größe 42/43 auf der 2. und 3. Nadel je 1 Masche abnehmen.

Strickschrift

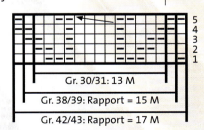

Gr. 30/31: 13 M
Gr. 38/39: Rapport = 15 M
Gr. 42/43: Rapport = 17 M

Zeichenerklärung

☐ = 1 rechte Masche
⊟ = 1 linke Masche
▭▭▭ = 2 Maschen auf einer Hilfsnadel vor die Arbeit legen, 2 Maschen rechts, dann die Maschen der Hilfsnadel rechts stricken

Kühne Muster in kühlen Farben

Erinnerungen ans Meer wecken diese Modelle mit raffinierten Jacquardmustern in Blautönen und frischem Weiß. Schwer zu stricken sind sie nicht, denn in jeder Runde wird mit maximal zwei Farben gearbeitet.

Socken mit Zackenbordüre

Abb. Seite 13 links
Größe 37/38

Das wird gebraucht

Je 50 g *Schachenmayr Regia 4-fädig* (LL 210 m/50 g), türkis (Fb 1255), lavendel (Fb 1988), königsblau (Fb 2000) und weiß (Fb 2080)

Nadeln
Nadelspiele Nr. 2,5 und 3

Maschenprobe
30 Maschen/42 Runden oder Reihen = 10 x 10 cm

Strickmuster
Rippenmuster: 1 Masche rechts, 1 Masche links im Wechsel.
Glatt rechts: In Reihen Hinreihen rechts, Rückreihen links stricken; in Runden jede Runde rechts stricken.
Kraus rechts: In Reihen Hin- und Rückreihen rechts stricken.
Jacquardmuster: Glatt rechts laut Zählmuster 1 in Norwegertechnik mit mehreren Knäueln arbeiten; dabei den unbenutzten Faden stets locker auf der Arbeitsrückseite mitführen.

Streifenmuster:
1. und 2. Runde: In Lavendel stricken.
3. Runde: 1 Masche in Lavendel und 1 Masche in Türkis im Wechsel stricken.
4. – 6. Runde: In Türkis stricken.
7. Runde: Wie 3. Runde stricken.
8. Runde: In Lavendel stricken.
Die 1. – 8. Runde 6x wiederholen; in Lavendel enden.

So wird's gemacht
60 Maschen (= 15 Maschen pro Nadel) mit Nadeln Nr. 2,5 in Türkis anschlagen und im Rippenmuster 2 cm in Türkis, 1 cm in Lavendel und 3 cm in Königsblau stricken. Mit Nadeln Nr. 3 im Jacquardmuster weiterarbeiten. Nach Ende des Zählmusters im Streifenmuster weiterstricken und nach 34 Runden ab Bund mit der Ferse in Türkis beginnen. Ferse, Fuß und Spitze nach der Anleitung auf Seite 3 – 5 arbeiten, dabei jeweils die äußeren 3

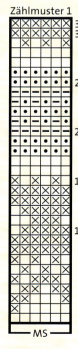

Zählmuster 1

Socken mit Kästchenbordüre

Abb. Seite 13 oben
Größe 37/38

Nadeln
Nade spiele Nr. 2,5 und 3

Maschen der Fersenwand kraus rechts stricken und die Spickelabnahmen in jeder 3. Runde ausführen. Nach der Ferse im Streifenmuster fortfahren. Nach 19 cm ab Fersenmitte mit der Bandspitze beginnen (siehe Seite 5). Beide Socken gleich arbeiten.

Zeicherklärung siehe Seite 14

Kühne Muster in kühlen Farben

Das wird gebraucht
Je 50 g *Schachenmayr Regia 4-fädig* (LL 210 m/50 g), königsblau (Fb 2000), lavendel (Fb 1988), türkis (Fb 1255) und weiß (Fb 2080)

Maschenprobe
30 Maschen/42 Runden oder Reihen = 10 x 10 cm

Strickmuster
Rippenmuster: 1 Masche rechts, 1 Masche links im Wechsel.
Glatt rechts: In Reihen Hinreihen rechts, Rückreihen links stricken; in Runden jede Runde rechts stricken.
Kraus rechts: In Reihen Hin- und Rückreihen rechts stricken.
Jacquardmuster: Glatt rechts laut Zählmuster 2 in Norwegertechnik mit mehreren Knäueln arbeiten; dabei den unbenutzten Faden stets locker auf der Arbeitsrückseite mitführen. Den gezeichneten Rapport stets wiederholen.

So wird's gemacht
60 Maschen (= 15 Maschen pro Nadel) mit Nadeln Nr. 2,5 in Türkis anschlagen und im Rippenmuster 2 cm in Türkis und 4 cm in Königsblau stricken. Im Jacquardmuster weiterarbeiten. Nach Ende des Zählmusters noch je 1 Runde in Lavendel, Türkis und Königsblau stricken, dann mit der Ferse in Lavendel beginnen. Ferse, Fuß und Spitze nach der Anleitung auf Seite 3 – 5 arbeiten, dabei jeweils die äußeren 3 Maschen der Fersenwand kraus rechts stricken und die Spickelabnahmen in jeder 3. Runde ausführen. Nach der Ferse zunächst je 1 Runde in Königsblau, Türkis und Lavendel arbeiten, dann in Königsblau weiterstricken. Nach 17 cm ab Fersenmitte noch 1x die letzten 5 Runden des Jacquardmusters arbeiten, dabei an der Sohle (1. und 4. Nadel) 1 Masche in Weiß und 1 Masche in Königsblau im Wechsel stricken und das Muster in jeder Runde versetzen. Noch je 1 Runde in Türkis und Lavendel und 2 Runden in Königsblau arbeiten und in Türkis enden. Dabei nach 19 cm ab Fersenmitte mit der Bandspitze beginnen (siehe Seite 5). Beide Socken gleich arbeiten.

Zählmuster 2

Zeichenerklärung
1 Kästchen = 1 Masche und 1 Runde
☐ = 1 Masche in Königsblau
☒ = 1 Masche in Weiß
⊟ = 1 Masche in Lavendel
⊡ = 1 Masche in Türkis

Einfach tierisch

Für diese schicken Muster musste kein Tier seine Haut lassen: Zebrastreifen und Kuhflecken werden nach Zählmuster eingestrickt. Das macht Spaß und sieht einfach tierisch flott aus ...

Kindersocken mit Kuhflecken

Größe 28/29

Das wird gebraucht

50 g *Schachenmayr Regia 4-fädig*, (ll 210 mm/50 g), schwarz (Fb 2066), Rest superweiß (Fb 2080)

Nadeln
Nadelspiel Nr. 3

Maschenprobe
30 Maschen/42 Runden oder Reihen glatt rechts = 10 x 10 cm

Einfach tierisch

Strickmuster

Rippenmuster: 1 Masche rechts, 1 Masche links im Wechsel.
Glatt rechts: In Reihen Hinreihen rechts, Rückreihen links stricken; in Runden jede Runde rechts stricken.
Kraus rechts: In Reihen Hin- und Rückreihen rechts stricken.
Mäusezähnchen: *2 Maschen rechts zusammenstricken, 1 Umschlag; ab * fortlaufend wiederholen.
Kuhflecken: Glatt rechts laut Zählmuster in Norwegertechnik mit mehreren Knäueln arbeiten; dabei den unbenutzten Faden stets locker auf der Arbeitsrückseite mitführen.

Grundmuster:
1. Runde: Rechts stricken.
2. Runde: *4 Maschen rechts, 3 Maschen links; ab * fortlaufend wiederholen.
3. Runde: *1 Masche rechts, 2 Maschen verkreuzen (= die folgende Masche über die 2. Masche ziehen, dann diese beiden 1 Masche rechts, 1 Masche rechts verschränkt abstricken), 1 Masche rechts, 3 Maschen links; ab * fortlaufend wiederholen.
Die 2. und 3. Runde stets wiederholen.

So wird's gemacht

52 Maschen (= 13 Maschen pro Nadel) in Weiß anschlagen und den Umschlag wie folgt stricken: 4 Runden Rippenmuster, 15 Runden Kuhflecken; für die Biese: 1 Runde rechte Maschen und 3 Runden Rippenmuster in Weiß, 1 Runde Mäusezähnchen in Schwarz und 5 Runden glatt rechts in Weiß, dann in der folgenden Runde jede Masche mit der darunter liegenden Masche der 1. Biesenrunde rechts zusammenstricken und noch 4 Runden glatt rechts in Weiß stricken.
Nun die Arbeit umstülpen und im Grund- muster in Schwarz weiterarbeiten, dabei auf der 3. Nadel 1 Masche abnehmen, das Muster auf der 2. Nadel beginnen und in der hinteren Mitte beidseitig der verkreuzten Maschen je 2 Maschen rechts arbeiten.
Nach 8 cm Grundmuster mit der Ferse beginnen. Ferse, Fuß und Spitze nach der Anleitung auf Seite 3 – 5 stricken. Dabei jeweils die äußeren 3 Maschen der Fersenwand kraus rechts stricken und die Spickelabnahmen in jeder 3. Runde ausführen.
Nach der Ferse die Maschen der 1. und 4. Nadel glatt rechts, die Maschen der 2. und 3. Nadel weiter im Grundmuster stricken. Nach 14 cm ab Fersenmitte die Bandspitze glatt rechts stricken.
Den Umschlag an der Biese nach außen schlagen. Beide Socken gleich arbeiten.

Zählmuster

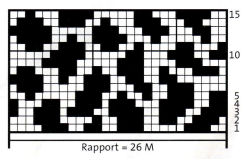

Rapport = 26 M

Zeichenerklärung

1 Kästchen = 1 Masche und 1 Runde
■ = 1 Masche in Schwarz
□ = 1 Masche in Weiß

Kindersocken mit Zebrastreifen

Größe 30/31

Das wird gebraucht
50 g *Schachenmayr Regia 4-fädig* (LL 210 m/50 g), weiß (Fb 600), Rest schwarz (Fb 2066)

Nadeln und Maschenprobe
siehe Kindersocken mit Kuhflecken Seite 15

Strickmuster
Glatt rechts, siehe Kindersocken mit Kuhflecken Seite 15.
Zebrastreifen: Glatt rechts laut Zählmuster auf Seite 18 in Norwegertechnik mit mehreren Knäueln arbeiten; dabei den unbenutzten Faden stets locker auf der Arbeitsrückseite mitführen.
Großes Perlmuster: 1 Masche rechts, 1 Masche links im Wechsel stricken. Das Muster nach jeder 2. Runde versetzen.
Grundmuster: *3 Maschen großes Perlmuster, 3 Maschen links; ab * fortlaufend wiederholen; 3 Maschen großes Perlmuster, 1 Masche links.

So wird's gemacht
52 Maschen (= 13 Maschen pro Nadel) in Schwarz anschlagen und den Umschlag wie folgt stricken: In Schwarz 4 Runden glatt rechts, in Weiß 1 Runde rechte Maschen und 1 Runde Mäusezähnchen, in Schwarz 4 Runden glatt rechts; dann für die 1. Biese in der folgenden Runde jede Masche mit der darunter liegenden Masche der Anschlagrunde rechts zusammenstricken; 13 Runden Zebrastreifen; für die 2. Biese in Schwarz 3 Runden glatt rechts, in Weiß 1 Runde rechte Maschen und 1 Runde Mäusezähnchen, in Schwarz 3 Runden glatt rechts, dann in der folgenden Runde jede Masche mit der darunter liegenden Masche der 1. Biesenrunde rechts zusammenstricken und noch 2 Runden glatt rechts in Schwarz arbeiten.
Nun die Arbeit umstülpen und im Grundmuster in Weiß weiterarbeiten. Nach 8 cm Grundmuster mit der Ferse beginnen. Ferse, Fuß und Spitze nach der Anleitung auf Seite 3 – 5 stricken.

Einfach tierisch

Dabei jeweils die äußeren 3 Maschen der Fersenwand kraus rechts stricken und die Spickelabnahmen in jeder 3. Runde ausführen.
Nach 15,5 cm ab Fersenmitte die Bandspitze in Schwarz stricken.
Den Umschlag an der 2. Biese nach außen schlagen.
Beide Socken gleich arbeiten.

Zählmuster

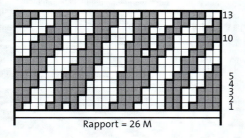

Rapport = 26 M

Damensocken mit Zebrastreifen

Größe 37/38

Das wird gebraucht
Schachenmayr Regia 4-fädig
(LL 210 m/50 g): 100 g schwarz (Fb 2066), 50 g superweiß (Fb 2080)

Nadeln
Nadelspiel Nr. 3

Maschenprobe
30 Maschen/42 Runden oder Reihen glatt rechts = 10 x 10 cm

Strickmuster
Glatt rechts: In Reihen Hinreihen rechts, Rückreihen links stricken; in Runden jede Runde rechts stricken.
Kraus rechts: In Reihen Hin- und Rückreihen rechts stricken.
Mäusezähnchen: *2 Maschen rechts zusammenstricken, 1 Umschlag; ab * fortlaufend wiederholen.
Kleines Perlmuster: 1 Masche rechts, 1 Masche links im Wechsel stricken. Das Muster in jeder Runde versetzen.
Zebrastreifen: Glatt rechts laut Zählmuster auf Seite 19 in Norwegertechnik mit mehreren Knäueln arbeiten; dabei den unbenutzten Faden stets locker auf der Arbeitsrückseite mitführen.

Streifenmuster:
1. Runde: Rechts stricken.
2. Runde: *5 Maschen rechts, 1 Masche links, 2 Maschen rechts; ab * 6x wiederholen; 4 Maschen rechts.
3. Runde: *4 Maschen rechts, 1 Masche links, 1 Masche rechts, 1 Masche links, 1 Masche rechts, ab * 6x wiederholen; 3 Maschen rechts, 1 Masche links.
Die 2. und 3. Runde stets wiederholen.

So wird's gemacht
60 Maschen (= 15 Maschen pro Nadel) in Weiß anschlagen und den Umschlag wie folgt stricken: 4 Runden im kleinen Perlmuster, 21 Runden Zebrastreifen; in Weiß für die Biese 1 Runde rechte Maschen, 7 Runden kleines Perlmuster, dann in der folgenden Runde jede Masche mit der darunter liegenden Masche der 1. Biesenrunde mustergemäß zusammenstricken und noch 4 Runden glatt rechts stricken.

Damensocken mit Zebrastreifen

Nun die Arbeit umstülpen und in Schwarz im Streifenmuster weiterarbeiten. Nach 11 cm Streifenmuster mit der Ferse beginnen. Ferse, Fuß und Spitze nach der Anleitung auf Seite 3 – 5 stricken. Dabei jeweils die äußeren 3 Maschen der Fersenwand kraus rechts stricken und die Spickelabnahmen in jeder 3. Runde ausführen. Nach der Ferse die letzte Masche der 1. Nadel auf die 2. Nadel nehmen, dann die Maschen der 1. und 4. Nadel glatt rechts, die Maschen der 2. und 3. Nadel weiter im Streifenmuster stricken.
Nach 19 cm ab Fersenmitte die 1. Masche der 2. Nadel wieder auf die 1. Nadel nehmen und die Bandspitze glatt rechts arbeiten.

Den Umschlag an der Biese nach außen schlagen.
Beide Socken gleich arbeiten.

Zählmuster

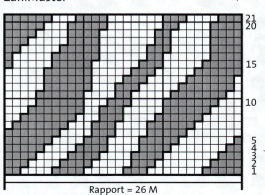

Rapport = 26 M

Orientalisch inspiriert

An orientalische Teppiche oder indische Saris erinnern die Muster dieser Socken in warmen Rottönen. Übrigens: Manche Menschen sind überzeugt davon, dass Socken in Rot besonders gut wärmen!

Rote Socken mit Bordüre

Abb. links
Größe 38/39

Das wird gebraucht
100 g *Schachenmayr Regia 4-fädig* (LL 210 m/50 g), kirsch (Fb 2002); Reste rot (Fb 2054), pink (Fb 2017), schwarz (Fb 2066)

Nadeln
Nadelspiele Nr. 2,5 und 3

Maschenprobe
30 Maschen/42 Runden oder Reihen glatt rechts = 10 x 10 cm

Strickmuster
Rippenmuster: *3 Maschen rechts, 1 Masche links, 1 Masche rechts, 1 Masche links; ab * fortlaufend wiederholen.
Glatt rechts: In Reihen Hinreihen rechts, Rückreihen links stricken; in Runden nur rechte Maschen stricken.
Kraus rechts: Hin- und Rückreihen rechts stricken.
Jacquardmuster: Glatt rechts gemäß Zählmuster 1 und 2 in Norwegertechnik mit mehreren Knäueln arbeiten; dabei den unbenutzten Faden stets locker auf der Arbeitsrückseite mitführen.

So wird's gemacht
60 Maschen (= 15 Maschen pro Nadel) mit Nadeln Nr. 2,5 in Kirsch anschlagen und 11 cm im Rippenmuster stricken. Zu Nadeln Nr. 3 wechseln und glatt

Rote Socken mit Bordüre

rechts 4 Runden in Kirsch, anschließend 27 Runden im Jacquardmuster 1 stricken, dann in Kirsch weiterarbeiten. Nach 11 cm ab Bund mit der Ferse beginnen. Ferse, Fuß und Spitze nach der Anleitung auf Seite 3 – 5 stricken. Dabei jeweils die äußeren 3 Maschen der Fersenwand kraus rechts stricken und die Spickelabnahmen in jeder 3. Runde ausführen.
Nach 17 cm ab Fersenmitte das Jacquardmuster 2 stricken; danach mit der Bandspitze in Kirsch beginnen.
Das Rippenmuster zur Hälfte nach außen schlagen.
Beide Socken gleich arbeiten.

Zählmuster 1

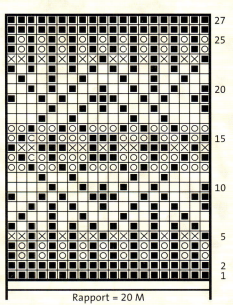

Rapport = 20 M

Zählmuster 2

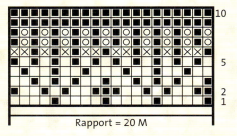

Rapport = 20 M

Zeichenerklärung

1 Kästchen = 1 Masche und 1 Runde
■ = 1 Masche in Schwarz
□ = 1 Masche in Rot
◉ = 1 Masche in Kirsch
☒ = 1 Masche in Pink

Orientalisch inspiriert

Socken mit Bordürenstreifen
Größe 36/37

Das wird gebraucht
Je 50 g *Schachenmayr Regia 4-fädig* (LL 210 m/50 g), burgund (Fb 315) und rot (Fb 2002); Reste pink (Fb 2017), hellrot (Fb 2054) und orange (Fb 628)

Nadeln
Nadelspiele Nr. 2,5 und 3

Maschenproben
30 Maschen/42 Runden oder Reihen glatt rechts = 10 x 10 cm
30 Maschen/32 Runden in der Musterfolge = 10 x 10 cm

Strickmuster
Rippenmuster: 1 Masche rechts, 1 Masche links im Wechsel stricken.
Glatt rechts: In Reihen Hinreihen rechts, Rückreihen links stricken; in Runden nur rechte Maschen stricken.
Kraus rechts: Hin- und Rückreihen rechts stricken.

Socken mit Bordürenstreifen

Bordürenstreifen: Glatt rechts gemäß Zählmuster 3 in Norwegertechnik mit mehreren Knäueln arbeiten; dabei den unbenutzten Faden stets locker auf der Arbeitsrückseite mitführen. In der 1. – 9. Runde den Mustersatz 1 stets wiederholen, enden mit den Maschen nach dem Mustersatz 1; in der 10. – 30. Runde den Mustersatz 2 über 14 Maschen stets wiederholen.

Muster 1 in Norwegertechnik arbeiten:
1. Runde: *1 Masche in Burgund, 1 Masche in Rot; ab * fortlaufend wiederholen.
2. Runde: *1 Masche in Rot, 1 Masche in Burgund; ab * fortlaufend wiederholen.
Die 1. und 2. Runde stets wiederholen.

Muster 2 in Norwegertechnik arbeiten:
1. und 5. Runde: 1 Masche in Rot, *1 Masche in Burgund, 3 Maschen in Rot; ab * wiederholen bis zu den letzten 2 Maschen; enden mit 1 Masche in Burgund, 1 Masche in Rot.
2. – 4. und 7. – 9. Runde: 1 Masche in Burgund, *1 Masche in Rot, 1 Masche in Burgund; ab * fortlaufend wiederholen.
6. und 10. Runde: *3 Maschen in Rot, 1 Masche in Burgund; ab * fortlaufend wiederholen bis zu den letzten 3 Maschen; enden mit 3 Maschen in Rot.
Die 1. – 10. Runde stets wiederholen.

Musterfolge: 2 Runden in Burgund, 30 Runden Bordürenstreifen, 2 Runden in Burgund, 40 Runden wie folgt: die 1. und 4. Nadel im Muster 1, die 2. und 3. Nadel im Muster 2; in Burgund enden.

So wird's gemacht

56 Maschen (= 14 Maschen pro Nadel) in Rot anschlagen und im Rippenmuster 3 cm in Rot und 3 cm je 2 Runden in Burgund und 1 Runde in Rot im Wechsel stricken; dann glatt rechts laut Musterfolge weiterarbeiten.

Nach 32 Runden ab Bund mit der Ferse in Burgund beginnen. Ferse, Fuß und Spitze nach der Anleitung auf Seite 3 – 5 stricken. Dabei jeweils die äußeren 3 Maschen der Fersenwand kraus rechts arbeiten und die Spickelabnahmen in jeder 3. Runde ausführen.

Nach der Ferse die Musterfolge fortführen, dabei auf der 2. Nadel 1 Masche abnehmen. Nach 18 cm ab Fersenmitte die Bandspitze in Rot stricken.
Beide Socken gleich arbeiten.

Zählmuster 3

Zeichenerklärung

1 Kästchen = 1 Masche und 1 Runde

☐ = 1 Masche in Burgund
⊡ = 1 Masche in Pink
⊠ = 1 Masche in Hellrot
Ⅱ = 1 Masche in Orange

Leicht und luftig

Wer behauptet, handgestrickte Söckchen seien nichts für den Sommer? Hier ist der Gegenbeweis! Aus einer Baumwoll-Schurwoll-Mischung gestrickt, tragen sich diese luftigen Modelle gerade an heißen Tagen ausgesprochen angenehm.

Damensöckchen mit Lochmuster in Orange

Größe 38/39

Das wird gebraucht
100 g *Schachenmayr Regia + Cotton* (LL 225 m/50 g), orange (Fb 29)

Nadeln
Nadelspiele Nr. 2 und 2,5

Maschenprobe
30 Maschen/42 Runden oder Reihen glatt rechts = 10 x 10 cm

Strickmuster
Rippenmuster: 1 Masche rechts, 1 Masche links im Wechsel stricken.
Glatt rechts: In Reihen Hinreihen rechts, Rückreihen links stricken; in Runden nur rechte Maschen stricken.
Kraus rechts: Hin- und Rückreihen rechts stricken.
Lochmuster: Nach Strickschrift arbeiten.

So wird's gemacht
64 Maschen (= 16 Maschen pro Nadel) mit Nadeln Nr. 2 anschlagen und 1 cm im Rippenmuster stricken. Dann mit Nadeln Nr. 3,5 im Lochmuster weiterarbeiten. Nach 10 cm ab Bund die letzte Masche der 1. Nadel auf die 2. Nadel heben und über 31 Maschen mit der Ferse

Weiße Kindersöckchen mit Lochmuster

Strickschrift

In den geraden Runden die Maschen stricken, wie sie erscheinen. Umschläge rechts stricken.

Rapport = 8 M

Zeichenerklärung

☐ = 1 Masche rechts
⊟ = 1 Masche links
◯ = 1 Umschlag
◢ = 2 Maschen rechts zusammenstricken
◣ = 2 Maschen überzogen zusammenstricken (= 1 Masche rechts abheben, 1 Masche rechts, die abgehobene Masche überziehen)
↑ = 3 Maschen überzogen zusammenstricken (1 Masche abheben, 2 Maschen rechts zusammenstricken und die abgehobene Masche überziehen)

Weiße Kindersöckchen mit Lochmuster

Größe 26/27

Das wird gebraucht

50 g *Schachenmayr Regia + Cotton* (LL 225 m/50 g), superweiß (Fb 01)

Nadeln
Nadelspiel Nr. 2 – 3
Nadelspiel Nr. 1,5 – 2 (als Hilfsnadel für den Mäusezähnchenrand)

beginnen. Ferse, Fuß und Spitze nach der Anleitung auf Seite 3 – 5 stricken. Dabei jeweils die äußeren 3 Maschen der Fersenwand kraus rechts stricken und die Spickelabnahmen in jeder 3. Runde ausführen.
Nach der Ferse die Maschen der 1. und 4. Nadel glatt rechts, die Maschen der 2. und 3. Nadel im Lochmuster weiterstricken. Nach 20 cm ab Fersenmitte mit der Bandspitze beginnen; dafür zunächst die 1. Masche der 2. Nadel wieder zurück auf die 1. Nadel nehmen und die Bandspitze nach Anleitung (Seite 5) glatt rechts stricken.
Beide Söckchen gleich arbeiten.

Maschenprobe
30 Maschen/42 Runden oder Reihen glatt rechts = 10 x 10 cm

Strickmuster
Glatt rechts: In Reihen Hinreihen rechts, Rückreihen links stricken; in Runden nur rechte Maschen stricken.
Mäusezähnchenrand:
1. – 6. Runde: Glatt rechts stricken.
7. Runde: *2 Maschen rechts zusammenstricken, 1 Umschlag; ab * fortlaufend wiederholen.
8. Runde: Alle Maschen und Umschläge rechts stricken.
9. – 13. Runde: Glatt rechts stricken.
14. Runde: Die Maschen der Anschlagrunde auf dünnere Nadeln nehmen und hinter die Arbeit legen. Immer 1 Masche der vorderen Nadel mit 1 Masche der hinteren Nadel rechts zusammenstricken.
Lochmuster: In ungeraden Runden nach Strickschrift stricken, dabei den Rapport stets wiederholen. In geraden Runden alle Maschen rechts stricken. Die 1. – 12. Runde stets wiederholen.

So wird's gemacht
48 Maschen (= 12 Maschen pro Nadel) mit Nadeln Nr. 2 – 3 anschlagen und den Mäusezähnchenrand arbeiten. Im Lochmuster nach Strickschrift weiterstricken und nach 8,5 cm (36 Runden) ab dem Mäusezähnchenrand mit der Ferse beginnen. Ferse, Fuß und Spitze nach der Anleitung auf Seite 3 – 5 stricken. Dabei jeweils die äußeren 3 Maschen der Fersenwand kraus rechts stricken und die Spickelabnahmen in jeder 3. Runde ausführen.
Danach die 1. Masche der 4. Nadel auf die 3. Nadel heben und die Maschen der 2. und 3. Nadel im Lochmuster, die Maschen der 1. und 4. Nadel glatt rechts stricken. Nach 14 cm ab Fersenmitte die letzte Masche der 3. Nadel wieder auf die 4. Nadel zurückheben und die Bandspitze glatt rechts nach Anleitung (Seite 5) stricken.
Beide Söckchen gleich arbeiten.

Strickschrift

Rapport = 8 M

Zeichenerklärung
☐ = 1 Masche rechts
◯ = 1 Umschlag
◢ = 2 Maschen rechts zusammenstricken
◣ = 2 Maschen überzogen zusammenstricken (= 1 Masche abheben, 1 Masche rechts stricken und die abgehobene Masche überziehen)
⬅ = 3 Maschen überzogen zusammenstricken (1 Masche abheben, 2 Maschen rechts zusammenstricken und die abgehobene Masche überziehen)

Gelbe Damensöckchen mit Lochmuster

Größe 38/39

Das wird gebraucht
100 g *Schachenmayr Regia + Cotton* (LL 225 m/50 g), gelb (Fb 20)

Nadeln
Nadelspiel Nr. 2,5

Maschenprobe
30 Maschen/42 Runden oder Reihen glatt rechts = 10 x 10 cm

Strickmuster
Glatt rechts: In Reihen Hinreihen rechts, Rückreihen links stricken; in Runden jede Runde rechts stricken.
Blendenmuster:
1. – 5. Runde: Glatt rechts stricken.
6. Runde (= Mäusezähnchen): *2 Maschen rechts zusammenstricken, 1 Umschlag; ab * fortlaufend wiederholen.
7. – 12. Runde: Glatt rechts stricken.
Lochmuster: Nach Strickschrift arbeiten.

So wird's gemacht
60 Maschen (= 15 Maschen pro Nadel) anschlagen und das Blendenmuster stricken. Dann im Lochmuster weiterarbeiten. Nach 9 cm ab Blende mit der Ferse beginnen. Ferse, Fuß und Spitze nach der Anleitung auf Seite 3 – 5 stricken. Dabei jeweils die äußeren 3 Maschen der Fersenwand kraus rechts stricken und die Spickelabnahmen in jeder 3. Runde ausführen.
Nach der Ferse die Maschen der 1. und 4. Nadel glatt rechts, die Maschen der 2. und 3. Nadel im Lochmuster weiterstricken. Nach 20 cm ab Fersenmitte die Bandspitze glatt rechts stricken (siehe Seite 5).
Die Blende an der Lochrunde (= Mäusezähnchen) nach innen umschlagen und mit Saumstichen annähen.

Strickschrift
In den geraden Runden die Maschen und Umschläge rechts bzw. den 2. Umschlag in der 2. und 10. Runde rechts verschränkt abstricken.

Rapport = 10 M

Zeichenerklärung
☐ = 1 Masche rechts
◉ = 1 Umschlag
◢ = 2 Maschen rechts zusammenstricken
◣ = 2 Maschen überzogen zusammenstricken (= 1 Masche rechts abheben, 1 Masche rechts, die abgehobene Masche überziehen)

Hoch zu Ross

Größe 42/43

Nicht nur passionierte Reiter werden von diesen außergewöhnlichen Socken begeistert sein. Auch an Fußgängern oder Radfahrern sieht das Pferdemotiv zu Jeans sehr reizvoll aus.

Das wird gebraucht

Je 50 g *Schachenmayr Regia 4–fädig* (LL 210 m/50 g), leinen (Fb 2143), jeans (Fb 2137) und schwarz (Fb 2066)

Zählmuster

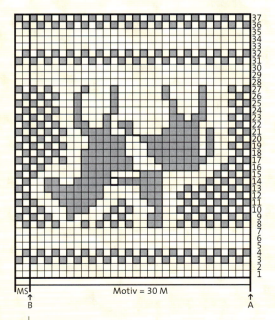

Nadeln
Nadelspiele Nr. 2,5 und 3

Maschenprobe
30 Maschen/42 Runden oder Reihen glatt rechts = 10 x 10 cm

Strickmuster
Rippenmuster: 1 Masche rechts, 1 Masche links im Wechsel stricken.
Glatt rechts: In Reihen Hinreihen rechts, Rückreihen links stricken; in Runden jede Runde rechts stricken.
Kraus rechts: In Reihen Hin- und Rückreihen rechts stricken.
Jacquardmuster: Glatt rechts laut Zählmuster in Norwegertechnik mit mehreren Knäueln arbeiten; dabei den unbenutzten Faden stets locker auf der Arbeitsrückseite mitführen.

So wird's gemacht
Rechte Socke: 64 Maschen (= 16 Maschen pro Nadel) in Schwarz anschlagen und für das Bündchen 2 cm in Schwarz, 2 cm in Leinen und 3 cm in Jeans im Rippenmuster stricken. Dann im Jacquardmuster weiterarbeiten, dabei 1x von Pfeil A bis B arbeiten, dann den Mustersatz stets wiederholen. Nach 36 Runden ab Bund mit der Ferse in Schwarz beginnen. Ferse, Fuß und Spitze nach der Anleitung

Zeichenerklärung
1 Kästchen = 1 Masche und 1 Runde
☐ = 1 Masche in Leinen
▣ = 1 Masche in Schwarz
⊟ = 1 Spannstich in Schwarz

Hoch zu Ross

auf Seite 3 – 5 stricken. Dabei jeweils die äußeren 3 Maschen der Fersenwand kraus rechts stricken und die Spickelabnahmen in jeder 3. Runde ausführen. Nach der Ferse noch die 37. Runde und 1x die 28. – 34. Runde laut Zählmuster arbeiten, dann in Jeans weiterstricken. Nach 20,5 cm ab Fersenmitte noch 1x die 1. – 6. Runde laut Zählmuster stricken, dann die Bandspitze in Jeans stricken (siehe Seite 5).
Die linke Socke gegengleich stricken.

Minis für die Kleinsten

Größe 20/21

Gerade mal eine Spielfilmlänge stricken Sie an einem Paar dieser Miniatursöckchen für die Allerkleinsten. So haben Sie im Handumdrehen ein niedliches und zugleich praktisches Mitbringsel für den Antrittsbesuch beim Neuankömmling.

Das wird gebraucht

50 g *Schachenmayr Regia 4–fädig* (LL 210 m/50 g) in einer Farbe Ihrer Wahl

Nadeln
Nadelspiele Nr. 2,5 und 3

Maschenprobe
30 Maschen/42 Runden oder Reihen glatt rechts = 10 x 10 cm

Strickmuster
Rippenmuster: 1 Masche rechts, 1 Masche links im Wechsel.
Glatt rechts: In Reihen Hinreihen rechts, Rückreihen links stricken; in Runden jede Runde rechts stricken.

So wird's gemacht
40 Maschen (= 10 Maschen pro Nadel) mit Nadeln Nr. 2,5 anschlagen und 5 cm im Rippenmuster stricken. Dann glatt rechts weiterarbeiten. Nach 4 cm ab Bund mit der Ferse beginnen. Ferse, Fuß und Spitze nach der Anleitung auf Seite 3 – 5 stricken.
Nach 9,5 cm ab Fersenmitte mit der Bandspitze beginnen, dabei die Abnahmen noch 1x in der 3. Runde, 3x in jeder 2. Runde, dann in jeder Runde wiederholen.
Beide Söckchen gleich arbeiten.

Herstellernachweis

Die Produkte der hier aufgeführten Firmen erhalten Sie im Handarbeitsfachhandel. Auf Anfrage nennen Ihnen die Hersteller gern Bezugsquellen in Ihrer Nähe (bitte frankierten Rückumschlag beilegen).

Strickgarn
Coats GmbH
Eduardstraße 44
73084 Salach
(Schachenmayr-Garne für die vorgestellten Modelle; nur über den Handarbeitsfachhandel)

Stricknadeln und Zubehör
Rump & Prym GmbH & Co. KG
Rahmedestraße 33 – 45
58762 Altena

Gustav Selter GmbH & Co. KG
Hauptstraße 13 – 15
58762 Altena

Holz & Stein
Ursula Huppertz
Mauerstraße 2
47228 Duisburg
(Stricknadeln aus Holz)

Transparente Regenstiefel
(Regia Rain-Boots mit Schnürung; Regia Turbo-Boots in Gummistiefelform)
Bezugsquellen über Coats GmbH
(siehe oben)

Die Deutsche Bibliothek – CIP-Einheitsaufnahme

Ein Titeldatensatz für diese Publikation ist bei Der Deutschen Bibliothek erhältlich.

Autorin und Verlag danken der Firma Schachenmayr, Salach, in der Coats GmbH für die freundliche Unterstützung. Besonderer Dank gilt Stefanie Frey, Tanja Steinbach, Gisela Klöpper und Hilde Wurst, ohne deren Ideen, Fachwissen und Engagement dieses Buch nicht zustande gekommen wäre.

Das Werk einschließlich aller seiner Teile ist urheberrechtlich geschützt. Jede Verwertung außerhalb des Urhebergesetzes ist ohne Zustimmung des Verlages unzulässig und strafbar. Das gilt insbesondere für Vervielfältigungen, Übersetzungen, Mikroverfilmungen und die Einspeicherung und Verarbeitung in elektronischen Systemen.

Die im Buch veröffentlichten Ratschläge wurden von Verfasserin und Verlag sorgfältig erarbeitet und geprüft. Eine Garantie kann dennoch nicht übernommen werden. Ebenso ist die Haftung der Verfasserin bzw. des Verlages und seiner Beauftragten für Personen-, Sach- und Vermögensschäden ausgeschlossen.

Jede gewerbliche Nutzung der Arbeiten und Entwürfe ist nur mit Genehmigung von Verfasserin und Verlag gestattet.
Fotografie: Coats GmbH, Salach (hintere Umschlaginnenseite); alle übrigen: Klaus Lipa, Diedorf bei Augsburg
Entwürfe: Katharina Buss, Friedel Römer, Tanja Steinbach
Strickschriften und Grafiken: Katharina Buss, Hamburg; Gisela Klöpper, Salach
Reihenkonzeption: Kontrapunkt, Kopenhagen
Layout: Anton Walter, Gundelfingen

AUGUSTUS VERLAG, München 2001
© Weltbild Ratgeber Verlage GmbH & Co. KG.

Satz: Gesetzt aus 9,5 Punkt The Sans von DTP-Design Walter, Gundelfingen
Reproduktion: Repro Mayr, Donauwörth
Druck und Bindung: Offizin Andersen Nexö, Leipzig

Gedruckt auf 135 g umweltfreundlich chlorfrei gebleichtes Papier.

ISBN 3-8043-0933-X

Printed in Germany